Liebe Eltern,

wir wollen Ihr Kind beim Lesenlernen unterstützen, und zwar mit spannenden und lustigen Geschichten.

Unsere Bücher mit der liebenswerten Bildermaus begleiten Ihren Sohn oder Ihre Tochter durch die Vorschule. Sie enthalten kurze Geschichten mit einfachen Sätzen sowie großer und leicht lesbarer Schrift. Hauptwörter werden durch kleine Bilder ersetzt. Lesen Sie die Geschichten vor und lassen Sie Ihr Kind die Bilder selbst benennen. Am Ende finden Sie eine Bild-Wörterliste mit den einzelnen Bedeutungen. Viele bunte Illustrationen sorgen außerdem für Lesepausen und helfen, die Geschichte zu verstehen.

So wird der Spaß am Lesen geweckt, und Ihr Kind wird ganz nebenbei von der Bildermaus zum echten Leselöwen!

Ihre
Bildermaus

THiLO
Ein Auftrag für den Astronauten

Illustriert von Michael Böhm

www.bildermaus.de

ISBN 978-3-7432-0679-3
1. Auflage 2020
© 2020 Loewe Verlag GmbH, Bindlach
Umschlag- und Innenillustrationen: Michael Böhm
Umschlaggestaltung: Kathrin Tobian
Vignetten Bildermaus: Angelika Stubner
Reihenlogo nach einem Entwurf von Angelika Stubner
Printed in the EU

www.loewe-verlag.de

Inhalt

Abschied für kurze Zeit 8

Ein kleines Problem 20

Ein halbes Jahr im Weltall? 29

Abschied für kurze Zeit

Tüdüd! Der  Tom wacht auf, weil sein  klingelt. Dabei ist es mitten in der . „Papa, aufstehen!", ruft Jonas. „Heute fliegst du mit einer  in den ." Jonas und Mama begleiten Papa im .

Als sie aussteigen, zeigt Tom

zum . Dort glitzern viele .

Ein  blinkt sogar. „Das ist

die ", erklärt Tom. „Dahin

fliege ich mit der ." Jonas weiß

genau, was eine  ist.

Dort leben und forschen die .

Tom bringt ihnen  und .

Trotzdem klammert Jonas sich an

Papas . Da holt Tom ein

für Jonas aus der . Darin ist

ein .

„Ich bin bald wieder zu ",

verspricht Tom. „Du musst nur

vierzehn  vom

abreißen." Jonas nickt tapfer mit

dem . Auch er hat ein

für Papa.

Eine  aus  und . Tom gibt Jonas und Mama einen .

Dann läuft er zur . Die  hier beobachten alles auf der .

Hier trifft Tom die anderen .

Er begrüßt einen  und eine ,

Bob und Iva. Alle ziehen sich

blaue  an. Gemeinsam gehen

sie zum . Der schaut Tom noch

einmal in , 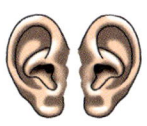 und auf

die 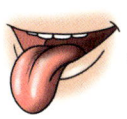. Dann hebt er den .

„Alles okay!", sagt er lachend.

„Grüß mir die !" Nun fahren die drei  mit einem  in die . Dort steht die .

Auf halbem  ist ein .

Da steigen die  in die

richtigen . Tom setzt auch

seinen  auf und zieht  an.

Dann wird geprüft, ob der

ein  hat. Alle  sind heil.

Also klettern die  wieder in den . Jetzt fahren sie zur .

Tom schaut an der  hoch.

Ganz oben ist die . Unten sind die  und die .

Die drei  fahren mit

dem  nach oben. Tom schließt

die . Ihre  sind schon da.

Tom sucht das  von Jonas.

Er drückt es noch einmal ganz

fest mit seinen .

Sein  schlägt schnell. Dann setzt er sich in seinen . Iva schaltet den  ein. Alle drei schließen ihre . Darin sind . Tom hört einen  rückwärts zählen:

„Fünf – vier – drei – zwei – eins –

zero!" Die   zischen los.

Und die  fliegt in den .

„Bald bin ich zurück auf der ",

denkt Tom und schließt die .

Ein kleines Problem

Nur sechs  später sind die  bei der . Die

dockt an. Tom, Iva und Bob gehen

in die . Hier warten schon

drei andere . Tom, Iva und

Bob heben die  und jubeln.

Einer der anderen  filmt alles.

Den  funken sie zur . „Jonas sieht mich im ", denkt Tom.

Er winkt seinem  und seiner  zu. Später geht Tom ins 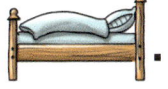.

Aber richtige 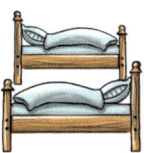 gibt es in der  nicht.

Mit einem dicken  schnallt er sich in einem  fest. Dann hakt Tom sich an einem  ein. Sonst würde er durch die ganze  fliegen. Als Tom wieder aufwacht, kocht er sich einen  voll .

Den muss er mit dem  trinken.

Danach fängt  Tom an zu

arbeiten. Mit einem  sieht

er sich  an. Sieben  lang

erforscht er sie.

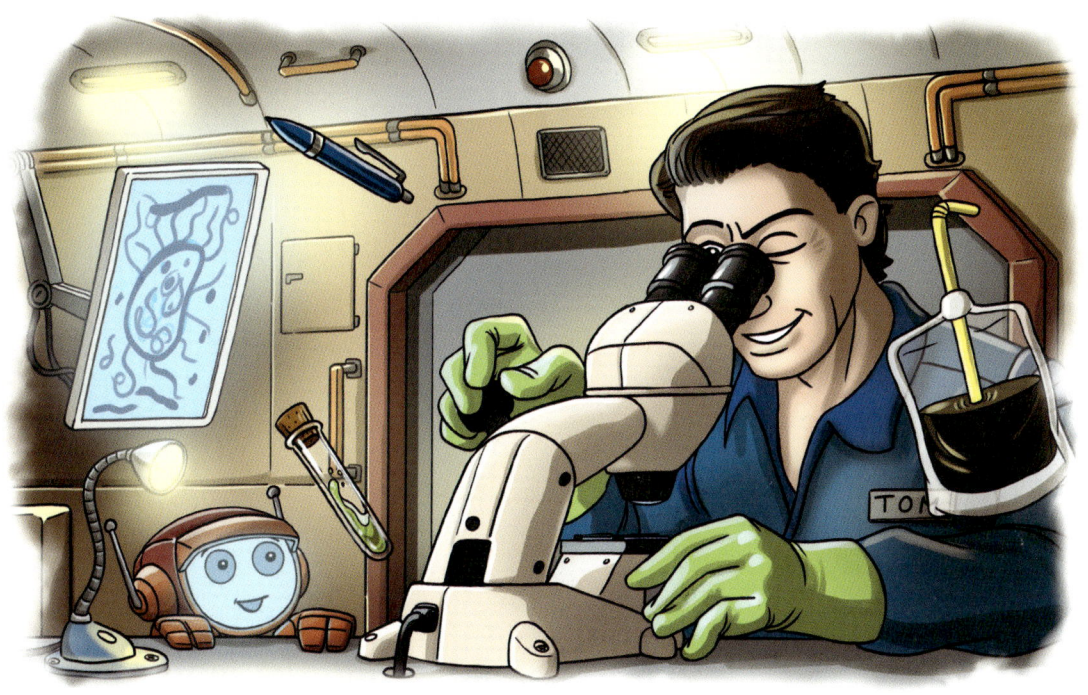

Dann befestigt Tom eine neue

an der  der . Dafür

benutzt er einen . Das

dauert noch einmal sieben .

Zwischendurch muss Tom immer

wieder  heben.

Iva läuft auf dem 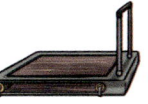. Sonst schrumpfen die  der . Abends reißt Tom ein  vom  ab. Jonas macht es in seinem  genauso. Bald steigen Tom, Iva und Bob in die .

Sie verabschieden sich von den anderen . Doch plötzlich wackelt die 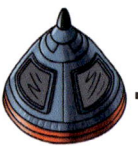. „Was ist passiert?", ruft Iva. Bobs  wird bleich. Er schaut auf den .

„Ein winziger  hat uns

getroffen", sagt er. Sofort prüfen

die drei  die ganze 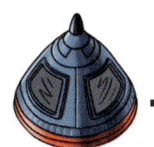.

Ein winziges  am  ist

abgebrochen. „Wir müssen

das  reparieren", sagt Bob.

„Ich will sicher auf der  ankommen." Tom denkt an Jonas. Hoffentlich kann die 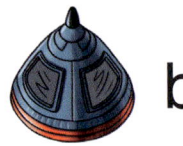 bald zurückfliegen ...

Ein halbes Jahr im Weltall?

Tom, Iva und Bob müssen zurück auf die . Mit der  untersucht Tom das kaputte . „Wir brauchen etwas ", sagt er lachend. „Mehr nicht!" Doch die anderen  zucken mit den 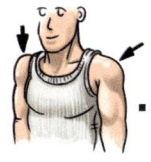.

„Wir haben  und ",

sagt Iva. „Aber  haben wir

nicht." Bob funkt zur . „Wir

schicken euch ", antwortet

die . „An  kommt die

nächste zu euch."

Tom reißt entsetzt die  auf.

Bis  ist es noch lang. Es gibt genug  und  auf der . Verhungern muss keiner der . Aber Tom will seinen  wiedersehen!

Er holt das , das Jonas ihm gebastelt hat. Plötzlich grinst Tom. Die  ist ja aus  und  gebaut! „Hier!", ruft Tom durch die ganze . „Mein hat uns geschickt!"

Alle  lachen. Dann biegt Tom den  zurecht. Mit dem  repariert er vorsichtig die .

Bob prüft, ob die  ein  hat. „Alles okay!", sagt Bob. Iva checkt die  mit dem .

Auch sie hebt den . Dann verabschieden sich die sechs  noch einmal. Iva, Bob und Tom klettern in die . Die  zählt wieder rückwärts: „Fünf – vier – drei – zwei – eins – zero!"

Dann trennt Tom die  von der . Iva zündet die .

Endlich fliegen sie zurück zur , nur zwölf  verspätet. Die  zu landen ist sehr aufregend.

Weil sie so schnell zur  saust,

wird sie außen glühend heiß.

Deshalb sind in den

auch  mit eiskaltem .

Bob schießt die  aus der 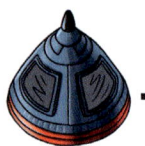.

Die  bremsen kräftig.

Trotzdem spritzt das  hoch,

als die  im  landet.

Dort werden die  von

einem  abgeholt. Ein  prüft

wieder, ob alle drei gesund sind.

Dann endlich darf Tom seinen  und seine  sehen. Er packt Jonas und wirft ihn fast bis zu den .

„Ohne dich und deine  wären wir noch bis  da oben!", ruft Tom. Anschließend feiern alle zusammen. Es gibt . Die hat Tom nämlich im  fast so sehr vermisst wie Jonas.

Die Wörter zu den Bildern:

 Astronaut
 Punkt
 Wecker
 Raumstation
 Nacht
 Nahrung
 Rakete
 Werkzeug
 Weltraum
 Beine
 Auto
 Geschenk
 Himmel
 Hosentasche
 Sterne
 Kalender

 Haus
 Frau
 Blätter
 Anzüge
 Kopf
 Arzt
 Holz
 Augen
 Draht
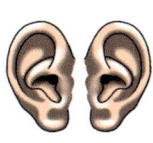 Ohren
 Kuss
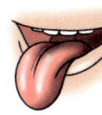 Zunge
 Bodenstation
 Daumen
 Menschen
 Sonne
 Mann
 Bus

 Wüste	 Triebwerke
 Weg	 Treibstofftanks
 Gebäude	 Fahrstuhl
 Raumanzüge	 Luke
 Helm	 Taschen
 Handschuhe	 Herz
 Loch	 Sessel
 Startrampe	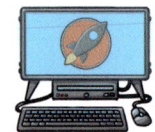 Computer
 Raumkapsel	 Kopfhörer

 Erde
 Rohr

 Stunden
 Becher

 Hände
 Kaffee

 Film
 Strohhalm

 Fernsehen
 Mikroskop

 Junge
 Bakterien

 Bett
 Tage

 Gurt
 Kamera

 Schlafsack
 Außenwand

 Roboterarm
 Weihnachten

 Gewichte
 Wasser

 Laufband
 Schläuche

 Muskeln
 Fallschirme

 Kinderzimmer
 Meer

 Gesicht
 Schiff

 Meteorit
 Pizza

 Teil

 Schultern

Die ersten 20 Lebensjahre verbrachte THiLO in der Kinderecke der elterlichen Buchhandlung. Heute lebt er mit seiner Familie in Mainz und schreibt neben seinen Romanen auch Drehbücher fürs Fernsehen. Mehr über THiLO und seine Geschichten erfahrt ihr im Internet unter www.thilos-gute-seite.de.

Michael Böhm, 1974 in Dortmund geboren, lebt mit seiner Frau in Hamburg. Seit er ein kleiner Junge war, zeichnet er am liebsten alles, was Räder hat, und konnte das Hobby zum Beruf machen. In der Freizeit schraubt er auch gern an seinem alten Auto rum. Mehr über Michael Böhm erfahrt ihr unter www.digillani.de.